AF595227

EDICT DV ROY,

CONTRE LES DVELS ET RENCONTRES;

Verifié en Parlement le Roy y seant le septiéme Septembre 1651.

A PARIS,
Par les Imprimeurs & Libraires Ordinaires du Roy.

M. DC. LI.
Auec Priuilege de sa Maiesté.

LOVYS PAR LA GRACE DE DIEV, ROY DE FRANCE ET DE NAVARRE; A tous presents, & à venir ; Salut. Nous estimons ne pouuoir plus efficacement attirer les graces & benedictions du Ciel sur nous & sur nos Estats, qu'en commençant nos actions à l'entrée de nostre Majorité, par vne forte & seuere opposition aux pernicieux desordres des Duels, & Combats par rencontres, dont l'vsage est non seulement contraire aux loix de la Religion Chrestienne, & aux nostres; mais tres-prejudiciable à nos Sujets, & specialement à nostre Noblesse, dont la conseruation nous est aussi chere qu'elle est importante à l'Estat: Et bien que nous ayons à l'exemple des Roys nos predecesseurs, fait tout nostre possible depuis nostre aduenement à cette Couronne, pour reprimer vn mal, dont les effets sont si funestes au general, & aux principales familles de nostre Royaume; ayans par diuers Edicts, Declarations & Reglemens, & sous de notables peines, prohibé tous les combats singuliers & autres, entre nos Sujets, pour quelque cause, & sous quelque pretexte qu'ils puissent estre entrepris; neantmoins nos soins n'ont pas eu le succez que nous en esperions, voyans auec vn extréme déplaisir que la longueur de la guerre que nous auons esté obligez de soûtenir contre la Couronne d'Espagne, apres auoir esté iustement entreprise par le feu Roy nostre tres-honoré Seigneur & Pere de glorieuse memoire que Dieu absolue : ou par les mouuemens intestins arriuez depuis quelques années, que nous auons heureusement appaisez ; & encore par la douceur qu'il a conuenu exercer pendant nostre Minorité : cette licence s'est accruë à tel point, qu'elle se rendroit irremediable, si nous ne prenions vne ferme resolution, comme nous faisons presentement, d'empescher auec vne Iustice tres-seuere, & par toutes les voyes raisonnables, les contrauentions faites à nos Edicts & Ordonnances en vne matiere de si grande consequence. A CES CAVSES, & autres bonnes & grandes considerations à ce nous mouuans, de l'aduis de nostre Conseil, où estoient la Reine nostre tres-honorée Dame & Mere, nostre tres cher & tres-amé Oncle le Duc d'Orleans, nos tres-che s & tres amez Cousins les Princes de Condé, & de Conty, & autres Princes, Ducs, Pairs & Officiers de nostre Couronne, & principaux de nostredit Conseil ; Et apres auoir examiné en iceluy ce que nos tres-chers & bien amez Cousins les Mareschaux de France, qui se sont assemblez plusieurs fois sur ce subjet par nostre exprés commandement, nous ont representé des causes de cette licence, & des moyens de la reprimer & faire cesser à l'aduenir ; Nous auons en renouuellant les

les deffenses portées par les Edicts & Ordonnances des Roys nos predecesseurs, & en y adjoustant ce que nous auons iugé necessaire, sans neantmoins les reuoquer ny annuller; Dit, declaré, statué, & ordonné; Disons, declarons, statuons & ordonnons par nostre present Edict, perpetuel & irreuocable, Voulons & nous plaist ce qui ensuit.

I.

Premierement, nous exhortons tous nos Sujets, & leur enjoignons de viure à l'aduenir les vns auec les autres dans la paix, l'vnion, & la concorde necessaire, pour la conseruation, celle de leurs familles, & celle de l'Estat, à peine d'encourir nostre indignation, & de chastiment exemplaire: Nous leur ordonnons aussi de garder le respect conuenable à chacun selon sa qualité, sa dignité & son rang, & d'apporter mutuellement les vns auec les autres tout ce qui dépendra d'eux pour preuenir tous differends, debats & querelles; notamment celles qui peuuent estre suiuies des voyes de faict: de se donner les vns aux autres sincerement & de bonne foy tous les esclaircissemens necessaires sur les plaintes & mauuaises satisfactions qui pourront suruenir entr'eux: & d'empécher que l'on ne vienne aux mains en quelque maniere que ce soit; declarans que nous reputerons ce procedé pour vn effect de l'obeïssance qui nous est deuë, & que nous tenons plus conforme aux maximes du veritable honneur, aussi bien qu'à celles du Christianisme;

aucuns ne pouuans se dispenser de cette mutuelle charité, sans contreuenir aux commandemens de Dieu, aussi bien qu'aux nostres.

II.

Et d'autant qu'il n'y a rien si honneste, ny qui gaigne dauantage les affections du public, & des particuliers, que d'arrester le cours des querelles en leur source; Nous ordonnons à nos tres-chers & bien-amez Cousins les Mareschaux de France, & aux Gouuerneurs & nos Lientenans Generaux en nos Prouinces, de s'employer eux-mesmes tres-soigneusement & incessamment à terminer tous les differends qui pourront arriuer entre nos Sujets, par les voyes, & ainsi qu'il leur en est donné pouuoir par lesdits Edicts & Ordonnances des Roys nos predecesseurs: Et en outre nous donnons pouuoir à nosdits Cousins de commettre en chacun des Baillages ou Seneschaussées de nostre Royaume, vn ou plusieurs Gentilshommes, selon l'estenduë d'icelles, qui soient de qualité, d'aage & capacité requises pour receuoir les aduis des differends qui suruiendront entre les Gentilshommes, gens de Guerre & autres nos Sujets; les enuoyer à nosdits Cousins les Mareschaux de France ou au plus ancien d'eux, ou aux Gouuerneurs, ou à nos Lieutenans Generaux aux Gouuernemens de nos Prouinces, lors qu'ils y seront presens; Et donnons pouuoir ausdits Gentilshommes qui seront ainsi Commis, de faire venir pardeuant aux en l'abſence deſdits Gouuerneurs & noſdits Lieutenans generaux, tous ceux qui auront quelque differend, pour les accorder, ou les renuoyer pardeuant noſdits Couſins les Mareſchaux de France, au cas que quelqu'vne des parties ſe trouue lezée par l'accord deſdits Gentilshommes; Et pour cette fin, nous enjoignons tres-expreſſément à tous Preuoſts des Mareſchaux, Vice-Baillifs, Vice-Seneſchaux, leurs Lieutenans, Exempts, Greffiers & Archers d'obeïr promptement & fidelement, ſur peine de ſuſpenſion de leurs charges, & de priuation de leurs gages, auſdits Gentilshommes commis ſur le fait deſdits differends, ſoit qu'il faille aſſigner ceux qui auront querellé, les conſtituer priſonniers, ſaiſir & annoter leurs biens, ou faire tous autres actes neceſſaires pour empeſcher les voyes de fait, & pour l'execution des ordres deſdits Gentilshommes ainſi Commis, le tout aux frais & deſpens des parties.

III.

Nous declarons en outre que tous ceux qui aſſiſteront ou ſe rencontreront (quoy que inopinement) aux lieux où ſe commettront des offenſes à l'Honneur, ſoit par des rapports ou diſcours injurieux, ſoit par manquement de promeſſe, ou paroles données, ſoit par Dementis, Coups de main, ou autres outrages de quelque nature qu'ils ſoient, ſeront à l'aduenir obligez d'en aduertir nos Couſins les Mareſchaux de France, ou les Gouuerneurs

& Lieutenans generaux des Prouinces, où les Gentilshommes Commis par lesdits Mareschaux, sur peine d'estre reputez complices desdites offenses, & d'estre poursuiuis comme y ayant tacitement contribué, pour ne s'estre pas mis en deuoir d'en empescher les mauuaises suittes. Voulons pareillement & nous plaist que ceux qui auront connoissance de quelques commencemens de querelles, & animositez, causées par des procés qui seroient sur le point d'estre intentez entre Gentilshommes, pour quelques interests d'importance, soient obligez à l'aduenir d'en aduertir nosdits Cousins les Mareschaux de France, ou les Gouuerneurs ou nos Lieutenans generaux en nos Prouinces; ou en leur absence les Gentilshommes Commis dans les Baillages, afin qu'ils empeschent de tout leur pouuoir que les parties ne sortent des voyes ciuiles & ordinaires pour venir à celles de faict.

IV.

Lors que nosdits Cousins les Mareschaux de France, les Gouuerneurs, ou nos Lieutenans Generaux en nos Prouinces, où les Gentilshommes Cõmis, auront eu aduis de quelque differend entre les Gentilshõmes, & entre tous ceux qui font profession des Armes dans nostre Royaume, & pays de nostre obeïssance: lequel procedant de parole outrageuse, ou autre cause touchant l'honneur, semblera deuoir les porter à quelque ressentiment extraortraordinaire, nosdits Cousins les Mareschaux de France enuoyeront aussi tost des deffenses tres-expresses aux parties de se rien demander par les voyes de fait, directement ou indirectement: & les feront assigner à comparoir incessamment pardeuant eux pour y estre reglés; Que s'ils apprehendent que lesdites parties soient tellement animées qu'elles n'apportent pas tout le respect & la deference qu'elles doiuent à leurs ordres, ils leur enuoyeront incontinent des Archers des Gardes de la Connestablie & Mareschaussée de France pour se tenir prés de leur personne, aux frais & dépens desdites parties, iusques à ce qu'elles se soient renduës pardeuant eux. Ce qui sera aussi pratiqué par les Gouuerneurs ou nos Lieutenans generaux en nos Prouinces, dans l'estenduë de leurs Gouuernemens & Charges, en faisant assigner pardeuant eux, ceux qui auront querelle, ou leur enuoyant de leurs Gardes, ou quelques autres personnes qui se tiendront prés d'eux pour les empescher de venir aux voyes de faict; Et nous donnons pouuoir aux Gentilshommes Commis dans chaque Bailliage, de tenir en l'absence des Mareschaux de France, Gouuerneurs & Lieutenans generaux aux Prouinces, la mesme procedure enuers ceux qui auront querelle, & seruir des Preuosts des Mareschaux, leurs Lieutenans, Exempts, & Archers, pour l'execution de leurs ordres.

V.

Ceux qui auront querelle estans comparus par-deuant nos Cousins les Mareschaux de France, ou Gouuerneurs, ou nos Lieutenans generaux en nos Prouinces, ou en leur absence deuant lesdits Gentilshommes, s'il apparoist de quelque injure atroce, qui ayt esté faite auec aduantage, soit de dessein premedité, ou de gayeté de cœur; Nous voulons & entendons que la partie offensée en reçoiue vne Reparation & Satisfaction si aduantageuse, qu'elle ait tout sujet d'en demeurer contente; confirmant en tant que besoin est par nostre present Edict l'authorité attribuée par les feus Rois nos tres-honorez Ayeul & Pere à nosdits Cousins les Mareschaux de France, de iuger & decider par iugement souuerain, tous differends concernants le Poinct d'Honneur & Reparation d'Offense, soit qu'ils arriuent dans nostre Cour, ou en quelque autre lieu de nos Prouinces où ils se trouueront; & ausdits Gouuerneurs ou Lieutenans generaux, le pouuoir qu'ils leur ont aussi donné pour mesme fin chacun en l'estenduë de sa charge.

VI.

Et parce qu'il se commet quelquesfois des offenses si importantes à l'Honneur, que non seulement les personnes qui les reçoiuent en sont touchées, mais aussi le respect qui est deub à nos Loix & Ordonnances y est manifestement violé; Nous voulons que ceux qui auront fait de semblables offenses, outre les satisfactions ordonnées à l'esgard des personnes offensées, soient encores condamnez par lesdits Iuges du Poinct d'Honneur, à souffrir prisons, bannissemens & amandes. Considerans aussi qu'il n'y a rien de si déraisonnable, ny de si contraire à la profession d'honneur, que l'outrage qui se feroit pour le sujet de quelque interest ciuil, ou de quelque procez qui seroit intenté pardeuant les Iuges ordinaires; Nous voulons que dans les accommodemens des offenses prouenuës de semblables causes, lesdits Iuges du Poinct d'Honneur tiennent toute la rigueur qu'ils verront raisonnable pour la satisfaction de la partie offensée; & que pour la Reparation de nostre authorité blessée, ils ordonnent: ou la prison durant l'espace de trois mois au moins, ou le bannissement pour autant de temps des lieux ou l'offensant fera sa residence, ou la priuation du reuenu d'vne année, ou deux, de la chose contestée, iceluy applicable à l'Hospital de la Ville où le procez sera intenté.

VII.

Comme il arriue beaucoup de differends entre les Gentilshommes à cause des chasses, des Droicts honorifiques des Eglises, & autres preéminences des Fiefs & Seigneuries, pour estre fort meslées auec le Poinct d'Honneur; Nous voulons & entendons que nosdits Cousins les Mareschaux de France, les Gouuerneurs ou nos Lieutenans generaux en nos Prouinces, & les Gentilshommes Commis dans les Bailliages ou Seneſchauſſées, apportent tout ce qui dépendra d'eux, pour faire que les parties conuiennent d'Arbitres, qui iugent ſommairement auec eux, ſans aucunes conſignations ny eſpices le fond de ſemblables differends, à la charge de l'appel en nos Cours de Parlement. lors que l'vne des parties ſe croira lezée par la Sentence Arbitrale.

VIII.

Au cas qu'vn Gentilhomme refuſe ou differe ſans aucune cauſe legitime d'obeïr aux ordres de nos Couſins les Mareſchaux de France, ou à ceux des autres Iuges du Poinct d'Honneur; comme de comparoiſtre pardeuant eux, lors qu'il aura eſté aſſigné par acte ſignifié à luy ou à ſon domicille; & auſſi lors qu'il n'aura pas ſuby le banniſſement ordonné contre luy, il y ſera inceſſamment contraint, apres vn certain temps que leſdits Iuges luy preſcriront, ſoit par garniſon qui ſera poſée dans ſa maiſon, ou par empriſonnement de ſa perſonne, ce qui ſera ſoigneuſement executé par les Preuoſts de noſdits Couſins les Mareſchaux, Vice-Baillifs, Vice-Seneſchaux, leurs Lieutenans, Exempts & Archers, ſur peine de ſuſpenſion de leurs charges, & priuation de leurs gages, ſuiuant les ordonnances deſdits Iuges; & ladite execution ſera faite aux frais & deſpens de la partie deſobeïſſante ou refractaire; Que ſi leſdits Preuoſts, Vice Baillifs, Vice-Seneſ-

ſeneſchaux, leurs Lieutenans, Exempts & Archers ne peuuent executer ledit empriſonnement, ils ſaiſiront & annoteront tous les reuenus dudit banny, ou deſobeïſſant, pour eſtre appliquez & demeurez acquis durant tout le temps de ſa deſobeïſſance, ſçauoir la moitié à l'Hoſpital de la Ville où il y a Parlement eſtably, & l'autre moitié à l'Hoſpital du lieu où il y a Siege Royal, dans le reſſort duquel Parlement & Siege Royal, les biens dudit banny ou deſobeïſſant ſe trouueront, afin que s'entr'aydans dans la pourſuite, l'vn puiſſe fournir l'aduis & la preuue, & l'autre interpoſer noſtre Authorité par celle de la Iuſtice pour l'effect de noſtre intention; & au cas qu'il y ait des debtes precedentes qui empeſchent la perception de ce reuenu aplicable au profit deſdits Hoſpitaux, la ſomme à quoy il pourra monter, vaudra vne debte hypotecquée ſur tous les biens, meubles & immeubles du banny, pour eſtre payée & acquittée dans ſon ordre, du iour de la condamnation qui interuiendra contre luy.

IX.

Nous ordonnons en outre en conſequence de noſtre Declaration de l'an 1646. publiée & enregiſtrée en noſtre Cour de Parlement, que ceux qui auront eu des Gardes de nos Couſins les Mareſchaux de France, des Gouuerneurs ou nos Lieutenans generaux en nos Prouinces, ou deſdits Gentils-hommes Commis, & qui s'en feront degagez en quelque maniere que ce puiſſe eſtre, ſoient punis auec rigueur, & ne puiſſent eſtre receus à l'accommodement ſur le Poinct d'Honneur, que les coupables de ladite garde enfrainte n'ayent tenu priſon, & qu'à la Requeſte de noſtre Procureur à la Conneſtablie, & des Subſtituts aux autres Mareſchauſſées de France, le procez ne leur ayt eſté faict ſelon les formes requiſes par nos Ordonnances : Voulons & nous plaiſt que ſur le procez verbal, ou rapport des gardes qui ſeront ordonnez prés d'eux, il ſoit ſans autre information decreté contre eux à la Requeſte deſdits Subſtituts, & leur procez ſommairement faict.

X.

Bien que le ſoin que nous prenons de l'honneur & de la reputation de noſtre Nobleſſe paroiſſe aſſez par le contenu aux articles precedens, & par la ſoigneuſe recherche que nous faiſons des moyens eſtimez les plus propres pour eſteindre les querelles dans leur naiſſance, & rejetter ſur ceux qui offenſent, le blaſme & la honte qu'ils meritent; neantmoins apprehendans qu'il ne ſe trouue encor des gens aſſez oſez pour contreuenir à nos volontez ſi expreſſement expliquées, & qui preſument d'auoir raiſon en cherchans à ſe vanger; Nous voulons & ordonnons que celuy qui s'eſtimant offenſé fera vn Appel à qui que ce ſoit pour ſoy meſme, demeure deſcheu de pouuoir iamais auoir ſatisfaction de l'offenſe qu'il pretendra auoir receuë : qu'il ſoit banny de noſtre Cour, ou de ſon pays durant l'eſpace de deux ans pour le moins : qu'il ſoit ſuſpendu de toutes ſes charges, & priué du reuenu d'icelles durant trois ans, ou bien qu'il ſoit retenu priſonnier ſix mois entiers, & condamné de payer vne amande à l'Hoſpital du lieu de ſa demeure, ou de la Ville la plus prochaine, qui ne pourra eſtre de moindre valeur que le quart de tout ſon reuenu d'vne année. Permettons à tous Iuges d'augmenter leſdites peines, ſelon que les conditions des perſonnes, les ſubjectts des querelles, comme procez intentez, ou autres intereſts ciuils, les deffenſes ou gardes enfraintes ou violées, les circonſtances des lieux & des temps rendront l'Appel plus puniſſable. Que ſi celuy qui eſt appellé, au lieu de refuſer l'Appel & d'en donner aduis à nos Couſins les Mareſchaux de France, ou aux Gouuerneurs ou nos Lieutenants generaux en nos Prouinces, ou aux Gentils-hommes Commis, ainſi que nous luy enioignons de faire ; va ſur le lieu de l'aſſignation, ou fait effort pour cét effect, il ſoit puny des meſmes peines de l'appellant.

XI.

Et d'autant qu'outre le blaſme & le crime que doiuent encourir ceux qui appelleront, il y a de certaines perſonnes qui meritent doublement d'en eſtre chaſtiées & reprimées ; comme lors qu'Elles s'attaquent à ceux qui ſont leurs Bienfaicteurs, Superieurs, ou Seigneurs & perſonnes de commandement, & releuées par leur qualité & charge; & specialement quand les querelles naissent pour des actions d'obeïssance, ausquelles vne condition, charge ou employ subalterne les ont soubmises, ou pour des chastimens qu'ils ont subis par l'authorité de ceux qui ont le pouuoir de les y assujetir, considerans qu'il n'y a rien de plus necessaire pour le maintien de la discipline, mesmes entre ceux qui font profession des armes, que le respect enuers ceux qui les commandent; Nous voulons & ordonnons que ceux qui s'emporteront à cét excez, & notamment qui appelleront leurs Chefs, ou autres qui ont droict de leur commander, soient suspendus ou priuez de toutes leurs charges, & de tout le reuenu d'icelles durant six ans; qu'ils soient bannis de nostre Cour, ou de leur pays pour quatre ans, ou retenus prisonniers vn an entier, & condamnez de payer vne amende aux Hospitaux des lieux, ou des plus voisins, laquelle ne pouurra estre de moindre valleur que la moitié de tous leurs reuenus. Enjoignans tres-expressement à nosdits Cousins les Mareschaux de France, & singulierement aux Generaux de nos Armées, dans lesquelles ce desordre est plus frequent qu'en nul autre lieu, de tenir la main à l'exacte & seuere execution du present article: Que si les Chefs, ou Officiers Superieurs, & les Seigneurs qui auront esté appellés reçoiuent l'Appel, & se mettent en estat de satisfaire les Appellans

lans, ils feront punis des mefmes peines de banniffement, fufpention de leurs charges & reuenus d'icelles, prifons, & amendes cy-deffus fpecifiées, fans qu'ils puiffent en eftre difpenfez quelques inftances & fupplications qu'ils nous en faffent.

XII.

Si ceux que nous aurons efté contrains de priuer de leurs charges, pour les cas cy-deffus mentionnez, s'en reffentent contre ceux que nous en aurions pourueus, en les Appellant, ou excitant au combat par eux-mefmes, ou par autruy, par rencontre ou autrement; Nous voulons qu'eux, & ceux dont ils fe feront feruis, foient degradez de Nobleffe, deftituez pour jamais de toutes leurs charges, bannis de noftre Cour, & de leur pays pour fix ans, ou retenus prifonniers deux ans entiers, & condamnez de payer aux Hofpitaux, comme dit eft, trois années de leur reuenu, fans pouuoir iamais eftre releuez defdites peines: Et generallement que ceux qui viendront pour la feconde fois à violer noftre prefent Edict, comme Appellans, & notamment ceux qui fe feront feruis de Seconds, pour porter leurs Appels, foient punis des mefmes peines d'infamie, deftitutions de charges, banniffemens, prifons & amendes, encores qu'il ne s'en foit enfuiuy aucun combat.

XIII.

Si contre les deffenfes portées par noftre preſent Edict, l'Appellant & l'Appellé venoyent au combat actuel ; Nous voulons & ordonnons qu'encores qu'il n'y ayt eu aucun de bleſſé ou tué, le procez criminel & extraordinaire ſoit faict contre eux : qu'ils ſoient ſans remiſſion punis de mort ; Que tous leurs biens meubles & immeubles nous ſoient confiſquez, le tiers d'iceux applicable à l'Hoſpital de la Ville où eſt le Parlement, dans le reſſort duquel le crime aura eſté commis, & conjoinctement à l'Hoſpital du Siege Royal le plus proche du lieu du delict ; & les deux autres tiers tant aux frais des captures & de la Iuſtice, qu'en ce que les Iuges trouueront equitable d'adjuger aux femmes & enfans, ſi aucun y a, pour leur nourriture & entretenement, ſeulement leur vie durant : Que ſi le crime ſe trouue commis dans les Prouinces ou la confiſcation n'a point de lieu ; Nous voulons & entendons qu'au lieu de ladite confiſcation, il ſoit pris ſur les biens des criminels, au profit deſdits Hoſpitaux, vne amende dont la valleur ne pourra eſtre moindre que le tiers des biens des criminels : Ordonnons & enjoignons à nos Procureurs generaux, leurs Subſtituts, & ceux qui auront l'adminiſtration deſdits Hoſpitaux, de faire de ſoigneuſes recherches & pourſuites deſdites ſommes & confiſcations, pour leſquelles leur action pourra durer pendant le temps & eſpace de vingt ans, quand meſmes ils ne feroient aucunes pourſuites qui l'a puſt proroger, leſquelles sommes & confiscations ne pourront estre remises ny diuerties pour quelques causes & pretextes que ce soit, desrogeans par le present Edict à toutes les Lettres que nous pourrions accorder pour cest effect, ausquelles nous deffendons tres-expressement d'auoir aucun esgard, comme ayant esté obtenuës par surprise, & contre nostre intention. Que si l'vn des combattans, ou tous les deux sont tuez; Nous voulons & ordonnons que le procez criminel soit faict contre la memoire des morts, comme contre criminels de Leze-Maiesté Diuine & humaine; Que leurs corps soient priuez de la sepulture, deffendans à tous Curez, leurs Vicaires, & autres Ecclesiastiques de les enterrer ny souffrir estre enterrez en Terre saincte; confisquans en outre comme dessus tous leurs biens, meubles & immeubles: & quant au suruiuant qui aura tué, outre la susdite confiscation de tous ses biens, il sera irrimissiblement puny de mort, suiuant la disposition des ordonnances.

XIV.

Encores que nous esperions que nos deffenses & des peines si iustement ordonnées contre les Duels retiendront d'oresnauant tous nos suiects d'y tomber, neantmoins s'il s'en rencontroit encore d'assez temeraires pour ozer contreuenir à nos volontez, non seulement en se faisant raison par eux-mesmes, mais en engageans de plus dans leurs querelles & ressentiments des Seconds,

Tiers, ou autre plus grand nombre de personnes: ce qui ne se peut faire que par vne lascheté artificieuse, qui fait chercher, par ceux qui sentent leur foiblesse, la seureté dont ils ont besoin dans l'adresse & le courage d'autruy; Nous voulons que ceux qui se trouueront coupables d'vne si criminelle & si lasche contrauention à nostre present Edict, soient sans remission punis de mort, quand mesmes il n'y auroit aucun de blessé ny de tué dans ces combats auec des Seconds; Que tous leurs biens soient confisquez comme dessus, Que leurs armes soient noircies & brisées publiquement par l'executeur de la Haute-Iustice, Qu'ils soient degradez de Noblesse, & declarez eux & leurs descendans Roturiers & incapables de tenir iamais aucunes charges, sans que nous ny les Roys nos successeurs les puissions restablir ny leur oster la notte d'infamie qu'ils auront iustement encouruë, tant par l'infraction du present Edict, que par leur lasche artifice, & nonobstant toutes Lettres de grace & abolition qu'ils pourroient obtenir de nous, ausquelles nous deffendons à tous Iuges d'auoir aucun esgard. Et comme nul chastiment ne peut estre assez grand pour punir ceux qui s'engagent si legerement & si criminellement dans des ressentimens d'offenses où ils n'ont aucune part, & dont ils deburoient plustost procurer l'accommodement pour la conseruation & satisfaction de leurs amis, que d'en poursuiure

la

la vengeance par des voyes auſſi deſtituées de veritable valleur & courage, comme elles le ſont de charité & d'amitié chreſtienne ; Nous voulons que tous ceux qui tomberont dans le crime d'eſtre Second ou Tiers ſoient punis des meſmes peines que nous auons ordonnées contre ceux qui les employeront.

X V.

D'autant qu'il ſe trouue des gens de naiſſance ignoble, & qui n'ont iamais porté les armes, qui ſont aſſez inſolens pour appeller des Gentils-hommes : leſquels refuſans de leur faire raiſon à cauſe de la difference des conditions, ces meſmes perſonnes ſuſcitent & oppoſent contre ceux qu'ils ont appellés d'autres Gentilshommes, d'où il s'enſuit quelquesfois des meurtres d'autant plus deteſtables, qu'ils prouiennent d'vne cauſe abiecte ; Nous voulons & ordonnons qu'en tel cas d'appels ou de combats, principalement s'ils ſont ſuiuis de quelques grandes bleſſures ou de mort, deſdits Ignobles ou Roturiers qui ſeront deuëment atteints & conuaincus d'auoir cauſé & promeu ſemblables deſordres, ſoient ſans remiſſion pendus & eſtranglez, tous leurs biens meubles & immeubles confiſquez, les deux tiers aux Hoſpitaux des lieux ou des plus prochains, & l'autre tiers employé aux frais de la Iuſtice, à la nourriture & entretenement des veufues & enfans des defuncts, ſi aucuns y a; permettans en outre aux

Iuges desdits crimes d'ordonner sur les biens confisquez telles recompenses qu'ils aduiseront raisonnables aux denontiateurs & autres qui auront découuert lesdits cas, afin que dans vn crime si punissable chacun soit inuité à la denontiation d'iceluy : Et quant aux Gentilshommes qui se seront ainsi battus pour des subiects & contre des personnes indignes, Nous voulons qu'ils souffrent les mesmes peines que nous auons ordonnées contre les Seconds s'ils peuuent estre apprehendez, sinon il sera procedé contr'eux par defaut & contumace suiuant la rigueur des Ordonnances.

X V I.

Nous voulons que tous ceux qui porteront sciemment des billets d'Appel, ou qui conduiront aux lieux des Duels ou Rencontres, comme lacquays ou autres domestiques, soient punis du foüet & de la Fleur de lys pour la premiere fois, du bannissement & des galleres à perpetuité s'ils retombent dans la mesme faute, sans que nos Cours souueraines ou autres Iuges ayent aucun esgard aux graces & remissions qui pourroient estre obtenuës en leur faueur : Et quant à ceux qui auront esté spectateurs d'vn Duel, si ils s'y sont rendus exprés, pour ce sujet ; Nous voulons qu'ils soient priuez pour toujours des charges, dignitez & pensions qu'ils possedent ; Que s'ils n'ont aucunes charges le quart de leurs biens soit confisqué

& appliqué aux Hospitaux ; & si le delict a esté commis en quelque Prouince où la confiscation n'ayt point de lieu, qu'ils soient condamnez à vne amende au profit desdits Hospitaux, laquelle ne pourra estre de moindre valleur que le quart des biens desdicts Spectateurs, que nous reputons auec raison complices d'vn crime si detestable, puis qu'ils y assistent & ne l'empeschent pas tant qu'ils peuuent, comme ils y sont obligez par les Loix diuines & humaines.

XVII.

Et dautant qu'il est souuent arriué que pour esuiter la rigueur des peines ordonnées par tant d'Edicts contre les Duels, plusieurs ont recherché les occasions de se rencontrer pour couurir le dessein premedité qu'ils auoient de se battre; Nous voulons, & ordonnons que ceux qui pretendront auoir receu quelque offense, & qui n'en auront point donné aduis aux susdits Iuges du poinct d'Honneur, & qui viendront à se rencontrer & se battre seuls ou en pareil estat & nombre auec armes esgalles de part & d'autre, à pied, ou à cheual, soient sujects aux mesmes peines que si c'estoit vn Duel. Et pour ce qu'il s'est encore trouué de nos subjects qui ayans pris querelle dans nos Estats, & s'estans donné rendez-vous pour se battre hors d'iceux ou sur nos Frontieres, ont crû par ce moyen pouuoir esluder l'effect de nos Edicts ; Nous Voulons que tous ceux qui en vseront ainsi soient poursuiuis tant en leurs biens durant leur absence, qu'en leurs personnes apres leur retour, comme s'ils auoient contreuenu au present Edict dans l'estenduë & sans sortir de nos Prouinces, les iugeant d'autant plus criminels & punissables, que les premiers mouuements dans la chaleur & nouueauté de l'offense ne les peuuent plus excuser, & qu'ils ont eu assez de loisir pour moderer leur ressentiment, & s'abstenir d'vne vengeance si deffenduë.

XVIII.

Toutes les Loix pour bonnes & sainctes qu'elles soient deuiennent inutiles au public, si elles ne sont obseruées & executées; pour cét effect, Nous enioignons & commandons tres-expressement à nos Cousins les Mareschaux de France, ausquels appartient, sous nostre authorité, la connoissance & decision des contentions & querelles qui concernent l'honneur & la reputation de nos Sujects, de tenir la main exactement & diligemmẽt à l'obseruatiõ de nostre present Edict, sans y apporter aucune moderation, ny permettre que par faueur, conniuence, ou autre voye il y soit contreuenu en aucune maniere, nonobstant toutes Lettres closes, & patentes, & tous autres commandemens qu'ils pourroient receuoir de nous, ausquels nous leur deffendons d'auoir aucun esgard sur tant qu'ils desirent nous obeïr & complaire: Et pour donner dautant plus de moyen & de pouuoir à nosdits Cousins les Mareſchaux de France, d'empeſcher & reprimer cette licence effrenée de Duels & rencontres; conſiderans d'ailleurs que la diligence importe grandement pour la punition de tels crimes; & que les Preuoſts de noſdits Couſins les Mareſchaux, les Vice-Baillifs, Vice-ſeneſchaux, & Lieutenants Criminels de Robbe-courte, ſe trouuans le plus ſouuent à cheual pour noſtre ſeruice, pourront eſtre plus prompts & plus propres pour proceder contre les coulpables des Duels & Rencontres; Nous en conſequence de noſtre Declaration verifiée en noſtre Cour de Parlement le neufieſme Septembre 1647. par laquelle nous leur auons attribué la iuriſdiction ordinaire; Auons de nouueau attribué & attribuons l'execution du preſent Edict, tant dans l'enclos des Villes que hors d'icelles, aux Officiers de la Conneſtablie & Mareſchauſſée de France, Preuoſts Generaux de ladite Conneſtablie, de l'Iſle de France & des Monnoyes, à tous les autres Preuoſts Generaux, Prouinciaux, & particuliers, Vice-Baillifs, Vice-ſeneſchaux & Lieutenants Criminels de Robbe-courte, concurremment auec nos Iuges ordinaires; & à la charge de l'appel en nos Cours de Parlement, auſquelles il doit reſſortir; derogeans pour ce regard, à toutes les Declarations & Edicts à ce contraires, & portans defenſes auſdits Preuoſts de connoiſtre des Duels & Rencontres.

XIX.

Et dautant qu'il arriue assez souuent, que lesdits Preuosts, Vice-Baillifs, Vice-Seneschaux, & Lieutenants Criminels de Robbe-courte, sont negligens dans l'execution des ordres de nosdits Cousins les Mareschaux de France, Nous voulons & ordonnons, que si lesdits Officiers manquent d'obeïr au premier mandement que nosdits Cousins les Mareschaux, ou l'vn d'eux, ou autres Iuges du point d'Honneur auront donné, de sommer ceux qui auront querelle de comparoistre au iour assigné, de les saisir & arrester en cas de refus & de desobeïssance, & finalement d'executer de poinct en poinct, & toutes affaires cessantes, ce qui leur sera mandé & ordonné par nosdits Cousins les Mareschaux de France, & Iuges du Poinct d'Honneur; Ils soient par nosdits Cousins punis & chastiez de leur negligence par suspention de leurs charges, & priuation de leurs gages, lesquels pourront estre reellement arrestez & saisis sur la simple ordonnance de nosdits Cousins les Mareschaux de France, ou de l'vn d'eux, signifiée à la personne ou au domicile du Tresorier de l'ordinaire de nos Guerres qui sera en année. Nous ordonnons en outre ausdits Preuosts, Vice-Baillifs, Vice-Seneschaux, leurs Lieutenants & Archers, chacun en leur ressort, sur les mesmes peines de suspention & priuation de leurs gages, que sur le bruit d'vn combat arriué, ils se transfportent à l'instant sur les lieux pour arrester les coulpables, & les constituer prisonniers dans les prisons Royales les plus proches du lieu du delict: Voulans que pour chacune capture, il leur soit payé la somme de quinze cens liures, à prendre auec les autres frais de Iustice sur le bien le plus clair des coulpables, & preferablement aux confiscations & amendes que nous auons ordonné cy-dessus: Et n'obmettre rien de ce qui peut seruir à vne exacte & seuere recherche des coulpables des Duels & Rencontres: Nous enioignons tres-expressement ausdits Preuosts, Vice-Baillifs, Vice-Seneschaux, Lieutenants Criminels de Robbe-courte, & autres Officiers de la Connestablie & Mareschaussée de France, de tenir soigneusement aduertis de trois en trois mois nosdits Cousins les Mareschaux de France, des contrauentions à nostre present Edict, afin qu'ils nous en puissent informer, & receuoir sur ce nos commandemens & ordres.

XX.

Et comme les coulpables pour esuiter de tomber entre les mains de Iustice, se retirent d'ordinaire chez les Grands de nostre Royaume, Nous faisons tres-expresses inhibitions & defenses à toutes personnes de quelque qualité & condition qu'elles soient, de receuoir dans leurs Hostels & Maisons, ceux qui auront contreuenu à nostredit present Edit. Et au cas qu'il s'en trouue quelques vns qui leur donnent azile, & qui refusent les remettre entre les mains de la Iustice si tost qu'ils en seront requis, Nous voulons que les procez verbaux qui en seront dressez, & deuëment attestez par lesdits Prouosts des Mareschaux & autres Iuges, soient incontinent & incessamment enuoyez aux Procureurs generaux de nos Cours de Parlement, & à nosdits Cousins les Mareschaux, afin qu'ayant pris aduis d'eux, nous fassions rigoureusement proceder à la punition de ceux qui protegent de si criminels desordres.

XXI.

Que si nonobstant tous les soins & diligences prescriptes par les Articles precedens, le credit & l'authorité des personnes interessées dans ces crimes, en destournoient les preuues par menasses ou artifices, Nous ordonnons que sur la simple requisition qui sera faite par nos Procureurs Generaux ou leurs Substituts, il soit decerné monitoires par les Officiaux des Euesques des lieux, lesquels seront publiez & fulminez selon les formes canoniques, contre ceux qui refuseront de venir à reuelation de ce qu'ils sçauront touchant les Duels & Rencontres arriuées. Nous ordonnons en outre, & conformement à nostre Declaration de l'année 1646. verifiée en nostre Cour de Parlement de Paris, qu'à l'aduenir nos Procureurs Generaux en nos Cours de Parlement, sur l'aduis qu'ils auront des combats qui auront esté faits, feront

ront leurs requisitions contre ceux qui par notorieté en seront estimez coulpables : & que conformement à icelles, nosdites Cours sans autres preuues, ordonnent que dans les delais qu'elles jugeront à propos, ils seront tenus de se rendre dans les prisons, pour se justifier & respondre sur les requisitions de nosdits Procureurs Generaux. Et à faute dans ledit temps de satisfaire aux Arrests qui seront signifiez à leurs domiciles, Nous voulons qu'ils soient declarez atteints & conuaincus des cas à eux imposez, & comme tels, qu'ils soient condamnez aux peines portées par nos Edicts. Enjoignons à nosdits Procureurs Generaux, de nous tenir aduertis des condemnations qui seront renduës, & des diligences qu'ils apporteront pour l'execution d'icelles, & d'en enuoyer les procedures à nostre tres-cher & feal le Chancelier de France.

XXII.

Nous voulons pareillement & ordonnons, que dans les lieux esloignez des Villes, où nos Cours de Parlement sont seantes, lors qu'apres toutes les perquisitions & recherches susdites, les coulpables des Duels & Rencontres ne pourront estre trouuez ; il soit à la requeste des Substituts de nos Procureurs Generaux, sur la simple notorieté du fait, decerné prise de corps contre les absens : & qu'à faute de les pouuoir apprehender en vertu du decret, tous leurs biens soient saisis, & qu'ils ſoient adjournez à trois briefs iours conſecutifs: & ſur iceux les defauts ſoient mis és mains de nos Procureurs Generaux, ou à leurs Subſtituts, pour en eſtre le proffit adjugé ſans autre forme ny figure de procez, dans huictaine, apres les crimes commis.

XXIII.

Et afin d'empeſcher les ſurpriſes de ceux qui pour obtenir des graces, nous deſguiſeroient la verité des combats arriuez, & mettroient en auant de faux faicts, pour faire croire que leſdits combats ſeroient ſuruenus inopinement, & en ſuitte de querelles priſes ſur le champ, Nous ordonnons que nul ne pourra pourſuiure au Seau l'expedition d'aucune grace és cas où il y aura ſoupçon de Duel ou Rencontre premeditée, qu'il ne ſoit actuellement priſonnier à noſtre ſuitte, ou bien dans la principale priſon du Parlement, dans le reſſort duquel le combat aura eſté fait : où eſtant verifié, qu'il n'a contreuenu en aucune ſorte à noſtre preſent Edict ; & apres auoir ſur ce pris l'aduis de nos Couſins les Mareſchaux de France, nous pourrons luy accorder des Lettres de remiſſion en connoiſſance de cauſe.

XXIV.

Toutes les peines contenuës dans le preſent Edict, pour la punition des contreuenans à nos volontez, ſeroient inutiles & de nul effect, ſi par les motifs d'vne Iuſtice & fermeté inflexibles, nous ne maintenions les Loix que nous auons establies; A cette fin, nous iurons & promettons en foy & parole de Roy, de n'exempter à l'aduenir aucune personne pour quelque cause & consideration que ce soit, de la rigueur du present Edict. Qu'il ne sera par nous accordé aucune remission, pardon ou abolition à ceux qui se trouueront preuenus desdits crimes de Duels & Rencontres premeditées: Et si aucunes en sont presentées à nos Cours Souueraines, ausquelles seules nous entendons que doresnauant toutes remissions de combats & meurtres soient addressées, Nous voulons qu'elles n'y ayent aucun esgard, quelque cause de nostre propre mouuement & autre derogatoire qui puisse y estre apposée. Defendons tres-expressement à tous Princes & Seigneurs, d'interceder prés de Nous, & faire aucune priere pour les coulpables desdits crimes, sur peine d'encourir nostre indignation. Protestons derechef, que ny en faueur d'aucun mariage de Prince ou Princesse de nostre Sang, ny pour les Naissances de Dauphin & Princes qui pourront arriuer durant nostre Regne, ny dans la ceremonie & ioye Vniuerselle de nostre Sacre & Couronnement, ny pour quelque autre consideration generale & particuliere qui puisse estre, Nous ne permettrons sciemment estre expedié aucunes Lettres contraires au present Edict, duquel nous auons resolu de iurer expressement & solemnellement l'obseruation au iour de nostre prochain Sacre & Couronnement, afin de rendre plus authentique, & plus inuiolable vne Loy si Chrestienne, si iuste & si necessaire.

SI DONNONS en mandement à nos amez & feaux les Gens tenans nos Cours de Parlement, Baillifs, Seneschaux, & tous autres nos Iusticiers & Officiers qu'il appartiendra, chacun endroit soy, que le present Edict ils fassent lire, publier & enregistrer, & le contenu en iceluy garder & obseruer inuiolablement sans y contreuenir, ny permettre qu'il y soit contreuenu en aucune maniere: CAR tel est nostre plaisir. Et afin que ce soit chose ferme & stable à tousiours, nous auons fait mettre nostre Seel à cesdites Presentes, sauf en autre chose nostre droict, & l'autruy en toutes. DONNE' à Paris au mois de Septembre l'an de grace 1651. & de nostre Regne le neufiesme, signé, LOVYS, à costé, visa, Et plus bas, Par le Roy, DE GVENEGAVD, & seellé du grand Seau de cire verte sur lacs de soye rouge & verte. Et encor est escrit:

Leu publié & registré, ouy, ce requerant & consentant le Procureur General du Roy, pour estre executé suiuant les Ordonnances, & copies collationnées à l'original, enuoyées aux Bailliages & Seneschaussées de ce ressort, pour y estre pareillement leu, publié & registré. Enioint aux Substituts du Procureur General, d'y tenir la main, & certifier la Cour auoir ce fait au mois. A Paris en Parlement le Roy y seant le 7. Septembre 1651. Signé, GVYET.

Collationné à l'Original par moy Conseiller Secretaire du Roy, Maison Couronne de France, & de ses Finances.

www.ingramcontent.com/pod-product-compliance
Lightning Source LLC
LaVergne TN
LVHW021648170726
843501LV00007B/2467

* 9 7 8 2 3 2 9 6 4 1 1 1 9 *